펭귄의 계약

The Tip of the Iceberg

KB060792

펭귄의 계약

Learning Fable Series

The Tip of the Iceberg

데이비드 허친스 지음 · 박선희 옮김

바다출판사

The Tip of the Iceberg

차례

1

빙산 위의
펭귄들

이 이야기는
이해할 수 없는 사건들의 연쇄에 관한 것입니다.

저 멀리 거대하고 험준한
빙산에서 일어난 사건들이죠.

빙산과 충돌한 타이타닉호 이야기는 아니고요.

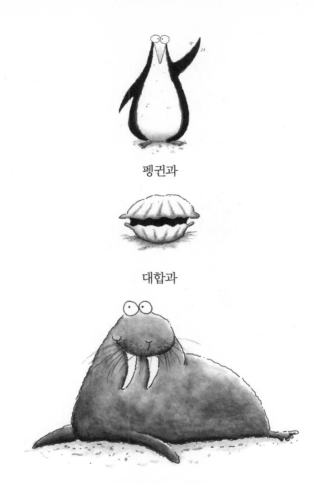

펭귄과

대합과

바다코끼리 사이의 복잡한 관계에 관한 이야기입니다.

이야기를 시작하기 전에 알아두어야 할 것이 몇 가지 있습니다.

우선, 펭귄은 대합* 먹는 걸 아주 좋아합니다.
둘째, 대합은 깊은 바다 속 밑바닥에 있습니다.

* 걱정 마세요. 이 이야기에서 의인화된 다른 등장동물들과 달리 대합은 그리
  성격 좋은 친구가 아니니까요. 그러니 대합을 동정할 필요는 없어요.

이 이야기에 등장하는 펭귄들은 극지에서 가까운 빙산 위에 살고 있습니다.

작고 영리한 펭귄들은 바다 속 깊은 곳에 대합이 많이 있다는 것을 잘 알고 있었습니다. 그들은 맛있는 대합을 배가 터지도록 먹는 꿈을 꾸곤 했습니다. 그러나 너무나 작은 폐를 가진 이 조그만 새들은 대합을 따올 만큼 오래 잠수할 수 없었죠.

바다코끼리들도 대합을 먹습니다.

크고 튼튼한 폐와 강한 지느러미발을 지닌 바다코끼리는 바다 깊숙이 잠수해서 대합층까지 가는 데 아무 문제도 없었습니다. 게다가 그들의 엄니는 단단한 조개 껍데기를 열기에 안성맞춤 이죠.

바다코끼리 한 무리가 펭귄들의 빙산에서 아주 가까운 뭍에 살고 있었습니다. 그들은 펭귄들에게 많은 대합이 있는 것을 무척 부러워했습니다.

그러나 겸손하고 정직한 바다코끼리는 펭귄의 영역을 존중해 주었습니다.

그들은 배가 고팠지만 펭귄의 빙산과 일정한 거리를 유지했습니다. 하지만 항상 기회를 엿보고 있었죠.

자, 집중하지 않으셨던 분들을 위해 이제까지의 이야기를 요약해보죠.

· 펭귄들에게는 아직 손대지 않은 많은 양의 대합이 있습니다.

· 바다코끼리들에게는 조달 능력이 있습니다.

이제 이야기가 어떻게 진행될지 예상할 수 있겠죠?
펭귄들도 그럴 수 있다고 생각했습니다.
그렇지만 그들의 예상은 빗나갔습니다.

2

펭귄－바다코끼리
협정

꽤 오래전부터 펭귄과 바다코끼리가 서로 협력해야 한다는 의견이 있었고, 마침내 어느 혹독한 겨울을 나면서 펭귄들은 조치를 취하기로 마음먹었습니다.

"이보다는 잘살 수 있을 거야."
스파키가 큰 소리로 투덜거리면서 다른 펭귄들에게 말했습니다.
"겨울 내내 부리에 풀칠한 정도였잖아. 대합으로 실컷 배를 채울 수 있었는데도 말이야."

다른 펭귄들은 고개를 끄덕였습니다.

스파키는 계속해서 이렇게 말했습니다.
"바다코끼리들과 만나야 할 때가 된 거야. 어때, 동의하지?"

펭귄들은 고개를 끄덕였습니다.

그리하여 펭귄과 바다코끼리의 협상이 시작되었습니다.
양측은 곧바로 합의에 이르렀습니다.

빙산의 기온이 영하 15도로 치솟은 어느 상쾌한 아침, 펭귄들은 바다코끼리 두 마리를 초청해 공식 조인식을 거행했습니다.

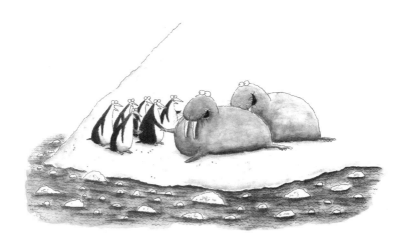

두 마리의 바다코끼리 군터와 슈바인이 육중한 몸을 이끌고 빙산 위로 올라오는 내내 펭귄들의 열렬한 환호가 이어졌습니다.

"오늘은 우리 작은 빙산의 역사적인 날입니다."
스파키가 감격 어린 어조로 선포했습니다.

"그렇습니다."
군터가 그르렁거리며 말했습니다.
"오늘은 이 땅의 포유류들이 협상을 맺는 뜻 깊은 날입니다."
그러자 몇몇 펭귄들 사이에서는 펭귄이 과연 포유류인가를 놓
고 논쟁이 벌어져 작은 웅성거림이 있었습니다.

모든 펭귄들이 경청하는 가운데 스파키는 협약의 조건들을 큰
소리로 읽어 내려갔습니다.

펭귄–바다코끼리 협정

1. 바다코끼리는 펭귄을 위해 대합을 따온다.

2. 그 대가로 펭귄은 바다코끼리에게 대합을 먹을 수
   있는 권리를 준다.

3. 바다코끼리는 펭귄을 잡아먹지 않는다.*

* 이 마지막 조항에 바다코끼리들이 합의하기까지는 많은 진통이 있었습니
  다. 그러나 펭귄 몇 마리가 달려들어 슈바인의 입을 벌리고 그 안에서 떨고
  있는 작은 펭귄 한 마리를 꺼내는 사건이 있은 직후, 바다코끼리들은 마침
  내 이 조항에 동의했습니다.

펭귄과 바다코끼리들이 빙산의 가장자리에 협정 조인을 기념하는 깃발을 꽂자 청중들은 우레와 같은 환호를 보냈습니다. 잠깐 동안 침묵이 흘렀습니다. 그때 누군가 이렇게 말했습니다.

"뭘 기다리는 거야? 먹자구!"

3

성공을 망치지 마

협정은 엄청난 성공작이었습니다.

군터와 슈바인을 비롯한 몇 마리의 바다코끼리들이 깊숙한 바다 속으로 들어가 지느러미발에 한가득 대합을 날라 올렸습니다. 그리고 엄니로 껍데기를 열어 군침을 삼키고 있는 펭귄들에게 주었습니다.

(군터는 그러는 와중에 진주 몇 개를 발견했지만 그 가치를 몰랐기에 슈바인 앞에 던져버렸습니다.)

모두들 실컷 먹었습니다. 협약의 두 번째 조항을 시험하려는 듯 바다코끼리들은 어리석을 정도로 많이 먹었습니다.

곧 펭귄들은 대합찜, 대합탕, 대합빙수* 등을 만들었습니다.

소문이 빠르게 퍼져나가 다른 빙산에 사는 펭귄들이 몰려들기 시작했습니다. 그들은 펭귄–바다코끼리 협정이 낳은 훌륭한 먹거리에 이끌린 것이었죠.

* 대합을 믹서기에 갈아서 얼음, 딸기, 럼주를 약간 넣고 높게 쌓아 올립니다. 박하를 조금 넣고 차게 해서 먹으면 됩니다.

점점 더 많은 펭귄들이 모여들자 스파키는 협정위원회 회의를 소집했습니다. (야생의 세계에서 이런 일은 생각보다 자주 일어납니다.)

"모여드는 펭귄들을 모두 먹일 수 있을 만큼 대합은 충분한 거야?"
스파키가 다른 펭귄들에게 물었습니다.

"지금 농담하는 거야?"
평소 잘난 척하기 좋아하는 헬싱키가 말했습니다.
"이보다 백 배는 더 먹여 살릴 수 있어. 아직도 대합은 풍족해.
우리에게 필요한 건 대합을 건져 올릴 바다코끼리를 몇 마리 더 데려오는 거야."

"오케이, 좋아."
스파키가 동의했습니다.
"그런데 우리 빙산에 몰려드는 펭귄들이 살 공간은 충분한 거야?"

셈을 좋아하는 주노가 얼른 얼음 위에 계산을 했습니다.
"내가 계산한 바로는 지금보다 백 배는 더 살 수 있어. 그러고도 공간은 남아."

펭귄들은 만장일치로 바다코끼리들을 더 불러 더 많은 대합을 따게 하기로 했습니다.

그래서 바다코끼리들이 더 왔습니다.

그들은 더 많은 대합을 건져 올렸습니다.

더 많은 펭귄들이 모여들었습니다.

그러자 바다코끼리들이 더 많이 왔습니다.

그들은 더 많은 대합을 건져 올렸습니다.

그리고 더 많은 펭귄들이 몰려들었습니다.

계속해서 더 많은 바다코끼리들이 왔고…….

이젠 짐작하시겠죠?

스파키, 주노, 헬싱키는 빙산 꼭대기에서 상황을 지켜보았습니다.

"멋진걸."

스파키가 만족스러운 듯 미소를 지었습니다.

"모든 게 잘되고 있어. 지금까진 우리 빙산이 잘 운영되고 있어."

"그래, 나는 이게 모두 대합 덕분이라고 생각해."

헬싱키가 말했습니다.

"맞아. 대합이 있었기 때문이야."

주노가 동의했습니다.

"그래, 그리고 바다코끼리들이 있어 대합을 먹을 수 있었지."

스파키가 덧붙였습니다.

"모든 건 연결되어 있어."

주노가 바쁘게 스파키가 이야기한 대로 얼음 위에 그림을 새기
고는 말했습니다.
"재미있는걸. 이렇게 그림을 그릴 수 있겠어."

"우리가 바다코끼리를 더 많이 고용하면, 더 많은 대합을 얻을
수 있어. 그러면 더 많은 펭귄들이 몰려들고."

헬싱키와 스파키가 관심을 보였습니다. 스파키가 말했습니다.
"그래. 그렇지만 잊지 말아야 할 건, 우리가 바다코끼리를 더
많이 고용하면 이 순환이 다시 반복된다는 사실이야."

"좋은 지적이야."
주노가 말했습니다. 그는 그림을 이렇게 고쳤습니다.

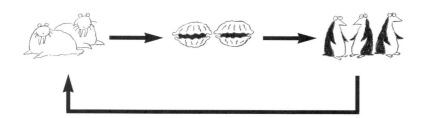

모두들 이 흥미로운 순환에 대해 곰곰이 생각했습니다. '좋은 것은 더 많은 좋은 것을 낳고 또 그것은 더 많은 좋은 것을 낳는다. 그리고 이 모든 것은 점점 더 커진다.'

그러나 스파키는 마음이 편치 않았습니다.
"이게 얼만큼 더 커질 수 있을까?"
그는 물갈퀴가 달린 발로 왔다 갔다 하면서 물었습니다.
"언젠가는 이 모든 것이 멈추지 않을까? 언젠간 대합도 바닥이 날 거야."

"언젠가는."
헬싱키가 말했습니다.
"그렇지만 앞으로 아주 오랫동안 그런 일은 일어나지 않아. 이미 말했듯이 우리는 오래오래 먹을 수 있을 만큼 대합이 많아."

"그리고 공간도 넓어."
주노가 말했습니다.

"성공을 망치지 마."
헬싱키가 결론을 내렸습니다.

"맞아."
주노가 잽싸게 끼어들며 동조했습니다.
"성공을 망치지 마."

둘은 이 짧은 캐치프레이즈를 몇 번 되풀이 한 뒤, 걱정하기를 그만두었습니다.

그러나 스파키는 여전히 무언가가 마음에 걸렸습니다. 하지만 그것이 무엇인지를 알 수 없었습니다.

4

우연한(?) 사고

빙산의 펭귄과 바다코끼리들은 모두 행복해하며 근사한 만찬을 즐겼고, 이 소문은 멀리멀리 퍼져나갔습니다.

펭귄들이 더 많이 왔습니다.

바다코끼리들도 더 많이 왔습니다.

대합이 더욱 많아졌습니다.

그러자 더 많은 펭귄들이 왔고

　　바다코끼리들도 더 많이 왔고

　　　　더 많은 대합이 생겼습니다.

그러자 펭귄들이 더 더 더 많이 왔고…….

어때요, 이젠 정말 짐작하시겠죠?

어느 날 바다코끼리 한 마리가 펭귄을 깔고 앉는 사건이 일어
났습니다.

그러나 깔린 펭귄 말고는 누구도 이 사건을 심각하게 생각하지
않았습니다.

결국 이 빙산은 근처에 사는 펭귄과 바다코끼리들의 명소가 되었습니다. 빙산은 대합 바와 상점가*, 그리고 배불리 먹어서 행복한 동물들로 가득 찼습니다.

그곳은 의심의 여지가 없는 파라다이스였습니다. (무시무시한 영하의 기온과 바다코끼리와 펭귄에게서 나는 고약한 냄새를 맡는다면 결코 파라다이스라고 할 수는 없을 겁니다. 그래도 여러분은 이 빙산이 정말정말 좋은 곳이라고 생각하셔야 합니다.)

---

* 이 상점가에는 선탠 룸들과 '여기가 요구르트 가게라니 믿을 수 없어요' 라는 간판을 단 요구르트 체인점, 그리고 슈바인이 운영하는 꽃집 등이 있었습니다.

그러나 시간이 지날수록 펭귄들이 납작해진 채 발견되는 일들
이 많아지기 시작했습니다.

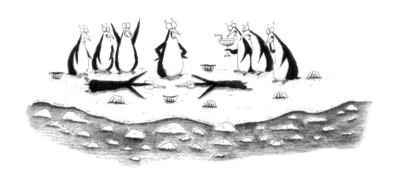

"이봐, 위니페그."
어느 날 스파키가 지나가는 영리한 펭귄에게 말했습니다.
"저기 있는 저 펭귄들에게 무슨 일이 일어난 거지?"

"아, 그거."
위니페그가 말했습니다.
"바다코끼리들이 깔고 앉았대."

"왜?"
스파키가 물었습니다.

"흠, 나도 몰라. 그 펭귄이 운 나쁘게도 그때 거기 있었기 때문이겠지. 그런 일은 우연히 일어나는 거잖아."

"그렇다면 이대로 있을 수는 없지."
스파키가 말했습니다.
"경고문을 붙여놔야겠다. '앞으로 모든 바다코끼리들은 앉을 때 뒤를 조심하시오' 라고. 어때?"

위니페그가 그 일을 맡았습니다.

그러나 사태는 더 나빠져만 갔습니다.

점점 더 많은 펭귄과 바다코끼리들이 빙산에 모여들수록 펭귄이 깔리는 사고가 늘어났습니다. 스파키는 이것이 정말로 우연히 일어나는 일인지 의심하기 시작했습니다.

곧, 바다코끼리와 펭귄들 간에 영역 분쟁이 벌어졌습니다.

심지어 바다코끼리가 펭귄을 노려보다가 군침을 흘리며 입맛을 다시는 소리를 냈다는 보고도 있었습니다. (법률상으로 이런 행위가 설사 협정 제3항을 위반한 것은 아니라고 해도, 분명히 법 정신에는 어긋나는 것이었습니다.)

펭귄들은 모두들 주의하라는 긴급 공지를 계속 내보냈습니다.

스파키도 바다코끼리에게 깔릴 뻔한 위급한 순간이 있었습니다. 바다코끼리의 출렁대는 거대한 살덩이 속에 몸의 일부가 깔린 것이었죠.

헬싱키와 주노가 뚱뚱한 바다코끼리의 살을 헤치고 조심스럽게 스파키를 꺼내주자 그가 툴툴거리며 말했습니다.
"왜 이런 일이 일어나는 걸까? 이 빙산에 모두가 지낼 만큼 공간이 충분하다는 거 확실해?"

"확실해."
주노가 강하게 말했습니다.
"전에도 말했듯이 지금보다 몇 배로 불어나도 충분히 살 수 있어. 계산을 했다구. 숫자는 거짓말을 하지 않아."

"들어봐."
헬싱키가 스파키를 진정시키며 말했습니다.
"난 이 문제가 펭귄과 바다코끼리의 수와는 무관하다고 생각해. 이건 예의와 시민정신의 문제야. 모두가 이 점을 깨달을 필요가 있다고. 내가 어떻게든 해볼게. 어때?"

그래서 헬싱키는 많은 돈을 주고 한스라는 경영 컨설턴트를 데려왔습니다. 그러고는 모든 펭귄과 바다코끼리들을 모아놓고 감수성 훈련 워크숍을 개최했습니다.

그러나 싸움은 더해만 갔습니다.

빙산에서 싸움이 일어났다는 소문이 퍼지자 펭귄과 바다코끼리의 발길이 끊어졌습니다.

오랫동안 빙산에서 살던 동물들마저 짐을 싸서 떠나려 했습니다.*

뜻밖의 분위기에 낙심한 슈바인은 꽃가게를 닫고 빙산에서의 행복했던 때를 뒤로 한 채 물에 뛰어들었습니다.

---

* 컨설턴트 한스도 빙산에서 물로 뛰어들다가 빙산 모서리에 부딪혀 두개골 일부가 손상되는 부상을 입었습니다. 한스는 회복 후 캘리포니아에 있는 평화를 사랑하는 나무심기 공동체에 참여했고, 이름을 '𓃰'로 바꾸었습니다.

펭귄들은 울퉁불퉁한 빙산 정상에서 긴급회의를 열었습니다.

"정말 이해가 안 돼."
위니페그가 말했습니다.
"우리는 전에 하던 대로 똑같이 하고 있는데, 이젠 모든 게 잘못되고 있어."

"우린 대단히 빨리 성장했어."
주노가 바닥에 또 다른 그림을 끼적거리면서 말했습니다.
"그리고 점점 속도가 느려지더니 이제는 거의 성장하지 않아."

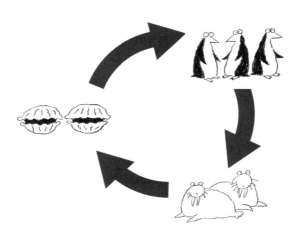

헬싱키가 바닥의 그림을 한동안 쳐다보더니 이렇게 말했습니다.
"내 생각엔 우리가 그린 이 그림에 뭔가 빠진 게 있는 것 같아."

"그게 뭔데?"
다른 펭귄들이 물었습니다.

"나도 몰라."
헬싱키가 말했습니다.
"하지만 어떤 다른 연결 같은 것 말이야. 우리가 보지 못하는……."

"헬싱키 말이 옳아."

스파키가 말했습니다.

"뭔가 다른 것이 작용하고 있어. 마치 이 빙산처럼 말이야. 물 위에 떠 있는 빙산의 일부는 볼 수 있지. 여기서 일어나는 일이라면 뭐든 볼 수 있어. 그렇지만 빙산의 더 큰 부분은 볼 수 없어. 그것은 물속에 잠겨 있지. 아마도 우리가 보지 못하는 바로 그 부분이 모든 것을 망쳐놓은 원인일 거야."

모두 침묵에 빠졌습니다. 윙윙거리는 차가운 극지의 바람 소리 사이로 바다코끼리가 펭귄을 찌부러뜨리는 무시무시한 소리만이 멀리서 들려왔습니다.

"사태를 호전시킬 수 있느냐 없느냐는 우리가 보지 못하는 것
이 무엇인가를 알아내는 데 달렸어."
헬싱키가 결론을 내렸습니다.

"말도 안 돼."
위니페그가 말했습니다.
"보이지 않는 걸 어떻게 본단 말이야."

"나도 모르겠어."
헬싱키는 솔직히 인정했습니다.

"각자 이 문제를 생각해볼 시간을 갖자."
스파키가 제안했습니다.

펭귄들은 각자 흩어져서 생각에 빠져들었습니다.

위니페그는 생각했습니다.
'펭귄과 바다코끼리 모두 텃세를
부리는 동물이야. 그러니까 서로 싸우는
것은 당연해. 하지만 왜 이제야 갑자기
싸움이 벌어지기 시작한 걸까?'

헬싱키도 곰곰이 생각했습니다.
'우리가 대합을 너무 많이 먹어서
그런 건 아닐까. 조개류 말고 고단백
식품으로 다이어트를 하면 분위기가
좋아질지도 몰라…….'

주노는 이렇게 생각했습니다.
'이 빙산은 굉장히 커. 아주 넓어서
전혀 싸울 이유가 없다구. 왜 모두들
좀 더 널찍하게 지내지 못하는 거지?'

한편 스파키도 빙산의 가장자리를 서성이면서 계속 그를 괴롭
히는 문제에 대해 생각했습니다.

우리가 일을 이렇게 만든 걸까?

스파키는 작은 얼음 덩어리를 잔잔한 바다에 던져 물이 튀는 것을 바라보았습니다. 동심원들의 물결이 점점 더 넓게 퍼져나가다 사라져갔습니다. 오랜 시간이 흐른 후에 비로소 물은 다시 잠잠해졌습니다.

스파키는 생각했습니다.
'아마 우리가 어떤 것을 하면 그것이 다른 많은 것을 만들어내는 건지도 몰라. 물결이 퍼지는 것처럼.'

'아마 모든 건 연관돼 있을 거야. 그 관계를 알 수만 있다면 우리가 무언가를 할 때 일어날 일들을 미리 파악할 수 있을 텐데……'

앉아서 생각에 잠겨 있던 스파키의 눈에 펭귄과 바다코끼리의
역사적 협정을 기념하는 깃발이 들어왔습니다.

스파키는 한참 동안 깃발을 바라보았습니다. 뭔가 이상해 보였습니다. 하지만 그게 무얼까?

스파키는 오랫동안 깃발을 뚫어지게 쳐다보았습니다.

그러다가 마침내

"아하!" 하고 크게 외쳤습니다.
그러고는 정신없이 다른 펭귄들을 찾아 뒤뚱거리며 달려갔습니다.

5

———— ❖ ————

빙산의 일각

———— ❖ ————

"모두들 이리 와봐!" 스파키가 부르자 주노, 위니페그, 헬싱키 모두 미끄러지고 서로 부딪히는 등 난리를 치며 달려왔습니다.

"이것 봐!"
스파키가 깃대를 가리켰습니다.
"깃발이 뭔가 달라진 것 같지 않아?"

모두들 멍하니 깃발을 바라보았습니다.

"깃대 끝이 물에 잠겼잖아."
스파키가 큰 소리로 말했습니다.

"난 뭐가 이상한지 모르겠는데……."
위니페그가 말했습니다.
"밀물 때문에 바닷물이 불어난 걸까?"

"바보 같은 소리!"
헬싱키가 말했습니다.
"빙산이 가라앉고 있는 거야!"

"맞아."
주노가 맞장구쳤습니다.
"그런데 왜 가라앉지?"
그는 잠시 생각했습니다.
"다른 곳에서 온 펭귄과 바다코끼리의 무게 때문일까?"

"바로 그거야."
스파키가 소리쳤습니다.
"이제야 왜 모두가 그렇게 싸우게 됐는지 알겠어. 예전보다 공
간이 줄어든 거야. 빙산이 가라앉아서 공간이 좁아진 거라고!"

펭귄들은 이 새로운 사실에 모두 흥분해서 뒤뚱뒤뚱 뛰어다니
며 소리를 질러댔습니다.

주노는 서둘러 얼음 위에 새로운 그림을 그렸습니다. 새 그림은 원래의 것과 비슷해 보였지만 한 가지 그림이 더 있었습니다.

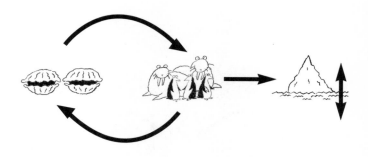

주노는 설명했습니다.
"바다코끼리가 대합을 많이 건져 올리니까 많은 펭귄들과 바다코끼리들이 여기 오고 싶어 했어. 그래서 더 많은 펭귄과 바다코끼리가 몰려들자 빙산은 가라앉기 시작한 거야."

스파키가 말을 이었습니다.

"그래, 그렇지만 잊지 말아야 할 건 빙산이 가라앉기 시작하면서 우리 모두 싸우기 시작했다는 거야. 그래서 더 이상 동물들이 오고 싶어 하지 않게 되었지. 그러니까 그림은 이렇게 돼야 할 거야."

스파키가 그림을 고쳤습니다.

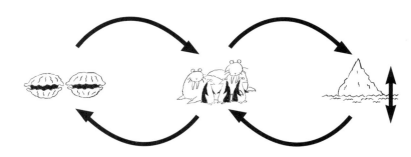

헬싱키는 이 단순해 보이는 그림을 보면서 열심히 생각했습니다.

"이 빙산에 살 수 있는 펭귄과 바다코끼리들의 수에는 한계가 있을 거야."

"마치 빙산은 우리에게 그 점을 알려주려 한 것 같아."
위니페그가 곰곰이 생각하며 말했습니다.
"우리는 그 소리에 귀 기울이지 않았지만."

"사실, 우리가 계속 더 많은 바다코끼리들을 불러들여서 사태를 악화시킨 거야."
주노가 말했습니다.
"그래서 이렇게 잘못된 거야."

스파키는 빙산에 대한 위니페그의 얘기를 계속 생각했습니다.
'빙산이 우리에게 그것을 알려주려 했다……'

물론, 빙산은 말을 하지 않습니다. 그러나 스파키가 그렇게 생각하자 마치 주위의 모든 것들이 이렇게 말하는 것 같았습니다.
"속도를 줄여."

"모든 건 서로 연결되어 있어."
스파키가 나지막이 중얼거렸습니다.

"자, 이제 우리는 모든 걸 알아냈어."
위니페그가 말했습니다.
"이제 어떻게 해야 하지?"

스파키는 골똘히 생각했습니다.
"먼저 우리가 무엇을 원하는지를 생각해보자. 그래야 그것을
위해 우리가 무엇을 해야 할지 정할 수 있을 테니까."

헬싱키가 덧붙였습니다.
"그리고 우리 주변에서 일어나는 일들을 잘 지켜볼 필요가 있
어. 빙산에 귀를 기울이자. 모든 것들이 어떻게 서로 연결되는
지 생각해보는 거야."

주노가 흥분해서 대답했습니다.
"그래. 그리고 어떤 새로운 일을 시작하기 전에 예상되는 다른
결과들을 요모조모로 생각해봐야 해. 또 다른 문제가 생기면
안 되니까!"

물론입니다. 이제는 모든 것이 분명해 보였습니다.

그들은 토론 끝에 모두가 원하는 것에 대해 의견을 모았습니다. 그것은 바로 '맛있는 대합의 수확량을 늘려 극지에 사는 모든 동물들이 배불리 먹을 수 있도록 하는 것' 이었습니다.

그들은 빙산이 가라앉는 것을 막기 위해서 바다코끼리와 펭귄 일부를 다른 곳으로 이전시키는 문제를 놓고 브레인스토밍을 했습니다. (거기서 나온 아이디어에는 '대합을 다른 빙산들로 실어 나르는 정기왕복운행 시스템 구축'이라든지 '뭍 주변에 새로운 대합 양식장 건립' 등과 같은 것이 있었습니다.)

영리한 펭귄들은 이런 방법들을 썼을 때 예상되는 생태학적이고 사회학적인 문제들의 리스트를 만들고 그 대처 방안까지 마련했습니다.

그리고 나서 그들은 파워포인트로 보고서를 작성하고 다른 동물들 앞에서 프레젠테이션을 했습니다. (디지털 프로젝션 기기 값이 떨어지면서 야생의 세계에서 이런 일은 흔히 일어납니다.)

그들은 그룹 토의를 거쳐 하나의 기획안을 채택했습니다. 그것은 '뭍(빙산과 달리 절대로 가라앉지 않는) 근처에 새로운 대합 양식장 만들기'였습니다.

그리고 세계 각지의 펭귄들이 대합을 주문할 수 있는 인터넷 쇼핑몰도 만들었습니다. 몇 달 후 그들은 '대합닷컴(Klamz.com)' 이라는 사이트를 오픈했습니다.

이 모두가 펭귄과 바다코끼리들에게 새로운 세상이 왔음을 알리는 신호였습니다.

몇 달 후 스파키는 다시 빙산 꼭대기에 올랐습니다. 그곳은 세상을 바라보는 새로운 방식을 구상하기 딱 좋은 장소였습니다.

그는 생각했습니다.
'그때 우리는 정말 현명하게 대처했어. 만일 그대로 두었더라면 어떻게 됐을까? 너무 늦어버려 이 빙산을 구하지 못했을지도 몰라.'

스파키는 주변에서 일어나는 분주한 움직임들을 바라보며 생각했습니다.

'분명히 우리가 보지 못하는 또 다른 관계가 있을 거야. 셀 수도 없이 많은 관계가……'

'우리의 새로운 생각과 행동이 빙산에 어떤 영향을 미칠까?

'우리가 지금 실행에 옮기고 있는 계획들이 또 어떤 생각지도 못했던 결과를 낳을까?

그는 곧 알게 될 것입니다.

끝

《펭귄의 계약》 깊이 읽기

이제 여러분 차례입니다.

잠시 책을 덮고 여러분을 둘러싼 세계를 생각해보세요. 여러분이 보지 못하는 것은 무엇입니까? 보이지 않는 관계들은 무엇이라고 생각합니까? 보이지는 않지만 여러분의 세계에 영향을 주는 사람들, 사물들, 사건들, 생각들 사이의 관계 말입니다.

여러분은 위니페그처럼 이 질문이 모순이라는 것을 눈치 챘을 것입니다. 볼 수 없는데 무엇을 못 보는지 어떻게 알 수 있을까요? 앞의 이야기는 바로 이 때문에 지어낸 것입니다. 《펭귄의 계약》은 새롭게 생각하는 방법을 알려주는 우화(진리를 전달하기 위해 쓴 상징과 은유로 가득한 이야기)입니다. 이 새로운 사고법은 보이지 않는 관계들과 그 영향력을 밝혀내도록 도와줄 것입니다.

우화를 읽고 나면 '우리도 펭귄과 다를 바 없다'는 생각을 하게 됩니다. 우리도 펭귄들이 맞닥뜨렸던 도전과 매일 만납니다. 아마도 여러분은 펭귄이 볼 수도 이해할 수도 없는 힘 때문에 절망했을 심정을 충분히 짐작할 수 있을 것입니다. 그리고 상황을 바꾸려고 노력하지만 아무것도 달라지지 않고 오히려 더 나빠지기만 할 때의 당황하는 모습에 공감했을지도 모릅니다.

자신의 경험을 돌아보십시오. 아마 비슷한 경우가 있었을 것입니다. 예를 들자면 이런 것들입니다.

· 좋은 의도를 가지고 온 힘을 다해 노력했지만 아무것도 달라지지 않았다.
· 어제 한 일 때문에 오늘 또 다른 복잡한 문제가 생겼다.
· 조직에서 독창성을 발휘해 시작한 일이 처음에는 잘되는 듯했지만 점점 힘을 잃어 결국 시시하게 끝나고 말았다.
· 원하는 것을 얻기 위해 더 세게 밀어붙였으나 점점 더 달성하지 못하게 되었다.

펭귄들이 깨달았듯이 이런 경험을 하게 되는 것은 보이지 않는 관계들 때문입니다. 이러한 관계들을 깨닫는 법을 알게 되면 변화의 새로운 가능성을 발견할 수 있습니다.

시스템이란 무엇인가

펭귄과 대합, 그리고 이들 사이의 숨겨진 관계에 얽힌 모든 이야기는 바로 '시스템 사고(systems thinking)'라는 신비한 세계로 들어가는 입구입니다.

시스템 사고는 이 세상의 복잡한 인과관계 유형들을 이해하는 새로운 방법을 제시합니다. 즉, 사물·사람·사건들이 서로 어떻게 연결되는지를 인식하는 방법을 알려줍니다. 그것은 우리의 행동이 어떤 의외의 결과를 초래할지 예상하고, 우리의 에너지와 자원을 어디에 집중시켜야 할지를 결정합니다. 그리고 우리 자신과 다른 이들의 행위를 이끄는 근본적인 원인을 밝혀내어 더 나은 결정을 내릴 수 있도록 도와줍니다. 전략적 관점에서 볼 때, 시스템 사고는 현실을 정확히 파악하여 우리가 희망하는 미래를 창조하기 위해 현명한 전략을 구상할 수 있도록 해줍니다.

그렇다면 시스템이란 무엇일까요? 시스템이란 특정한 목표 아래 각 부분들이 복잡하고 통일된 전체를 구성하기 위해 모여 있는 집합입니다. 각 부분들은 상호작용하고 상호관련되어 있으며 상호의존합니다. 이 중에서 기억해두어야 할 가장 중요한 사실은 각 부분들이 상호작용한다는 점입니다. 각 부분들이 상호작용하지 않는다면 그것은 시스템이 아니라 부분들을 모아 놓은 단순한 덩어리일 뿐입니다.

다음은 시스템의 예들입니다. 각각이 어떻게 상호작용하고 상호관련되어 있으며 상호의존하는 부분들로 구성되는지 생각해보십시오.

· 개미굴
· 자동차 엔진
· 사람의 눈
· 테니스를 치는 두 사람
· 결혼
· 빙산 위의 펭귄 사회
· 여러분이 몸담고 있는 조직

이들 시스템 속에서 어떻게 각 부분들이 상호작용하고 특정한 목적을 이루어가는지 알 수 있겠죠. 이들 시스템을 다음과 같은 것들과 비교해봅시다.

· 옷장 서랍에 들어 있는 10원짜리 동전 저금통

- CD-ROM에 저장된 데이터베이스
- 돌을 쌓아서 만든 벽
- 미술관에 걸려 있는 그림들

두 번째 예들은 시스템이 아닙니다. 단지 부분들의 집합일 뿐입니다. 10원짜리 동전, 데이터, 돌, 그림은 (어떤 실질적인 목적을 위해) 상호작용하지 않습니다. 단지 거기에 놓여 있을 뿐입니다. (많은 사람들이 동전통을 한쪽 구석에 몇 년이고 내버려둡니다.)

시스템 이론의 흥미로운 점은 어떤 영역(가령 남극의 생태시스템 같은)에서 발견할 수 있는 패턴이 인간의 신체나 기업 같은 다른 영역에서도 발견된다는 사실입니다. 그러니 과학, 사회학, 심리학, 조직이론 같은 다양한 분야의 사상가들이 시스템 이론에 관심을 갖는 것은 당연한 일입니다. 여러분이 어떤 시스템의 역학관계를 파악하는 법을 배운다면 다른 영역에서도 그런 관계를 볼 수 있게 될 것입니다.

재미있지요? 이제 다음 단계로 넘어가 좀 더 깊이 살펴봅시다.

시스템의 5가지 특성

시스템을 더 잘 이해하기 위해서 시스템의 몇가지 특성을 살펴보아야 합니다.

1. 시스템은 목적을 가진다.
2. 시스템의 각 부분들은 목적 달성을 위해 특정한 방식으로 결합한다.
3. 시스템은 더 큰 시스템 안에서 특정한 목적을 수행한다.
4. 시스템은 안정을 추구한다.
5. 시스템 내에서는 피드백이 이루어진다.

1. 시스템은 목적을 가진다

모든 시스템의 공통점은 특정한 목적을 가진다는 사실입니다. 즉, 모든 시스템은 특정 목적을 위해 존재하고 특정한 일을 해내기 위해 만들어졌습니다. 목적이 없다면 그것은 시스템이 아닙니다. 우화에서 펭귄과 바다코끼리가 협력했던 것은 양쪽 모두 새로운 식량자원을 얻으려는 목적 때문이었습니다. 소화 시스템을 생각해봅시다. 소화 시스템의 목적은 음식물을 잘게

부수어 신체가 그 영양분을 흡수할 수 있도록 하는 것입니다. 모든 기업 또한 핵심목적을 중심으로 구성됩니다. 그것은 이윤을 낳음으로써 조직을 영속시키려는 명확한 욕구 이상의 것입니다. 홈 데포(The Home-Depot)의 목적은 전문가들과 DIY들이 집안을 더 잘 가꿀 수 있도록 하는 것입니다. 중장비 기계와 엔진을 제조하는 캐터필러(Caterpillar) 사는 전 세계의 인프라를 구축하는 데 공헌하는 것이 목적입니다. 거대 인터넷 기업인 시스코시스템스(Cisco Systems)는 컴퓨터 네트워크로 사람들을 연결시키는 솔루션 개발이 목적입니다. 각각의 사례에서 목적은 조직을 구성하는 방법을 결정합니다.

여러분도 하나의 생명 시스템입니다. 따라서 여러분은 자기만의 목적을 추구할 것입니다. 그렇지 않나요? 살아 숨 쉬는 시스템의 목적은 좀 더 까다로울지 모르지만 말입니다. (개인의 목적이라는 주제는 제 책 《레밍 딜레마》에서 자세히 다루고 있습니다.)

2. 시스템의 각 부분들은 목적 달성을 위해 특정한 방식으로 결합한다

생물시간에 개구리 해부를 해본 사람이라면 간이나 위가 없는 개구리는 죽은 것이나 다름없다는 사실을 알 것입니다. 마찬가지로 시계에서 톱니바퀴를 몇 개 없애거나, 현악 4중주에서 첼로를 빼거나, 컴퓨터에서 키보드를 없애거나, 결혼생활에서 신뢰를 빼거나, 기업에서 마케팅 활동을 없애버린다면 그 시스템은 제 기능을 할 수 없습니다. (그렇지만 땅콩 그릇에서 아몬드를 골라내도 그 땅콩 그릇의 기능이 바뀌지는 않습니다. 왜냐하면 땅콩 그릇은 시스템이 아니어서 어떤 한 가지 요소에 의존하지는 않기 때문입니다.)

3. 시스템은 더 큰 시스템 안에서 특정한 목적을 수행한다

이제부터가 시스템 사고의 재미있는 대목입니다. 시스템은 자신보다 더 큰 시스템에 속해 있습니다. 각각의 시스템은 고유의 목적을 가지지만 더 큰 목적을 위해 일하는 다른 시스템과 함께 작동합니다. 자동차의 점화 시스템을 생각해보세요. 그것은 자동차라는 더 큰 시스템에 속해 있습니다. 점화 시스템의 목적은 복잡한 전기적, 기계적 장치를 작동시켜 엔진이 움직이도록 만드는 것입니다. 자동차의 목적은 사람이나 짐을 실어 나르는 것입니다. 점화 시스템의 목적이 어떻게 자동차의 목적에 기여하는지 알 수 있겠지요? 사실 어떤 시스템도 세상과 동떨어져 존재하지 않습니다. 각각의 시스템은 더 큰 시스템과 시너지 관계에 있습니다.

좀 복잡해졌군요. 다른 예를 들어볼까요. 자, 여러분은 시스템입니다. 그런데 여러분은 가족이라는 시스템에 속해 있고, 가족은 지역공동체의 일부지요. 지역공동체는 사회 전체의 한 부분이며, 사회는 인류의 일부분입니다. 인류는 또 지구상의 생태계에 속해 있습니다. 이 시스템 중 한 시스템이 취하는 긍정적이거나 부정적인 행위는 다른 시스템의 이곳저곳에 영향을 줌으로써, 결국 관련된 모든 시스템에 영향을 미칩니다.

4. 시스템은 안정을 추구한다

거실에 있는 자동 온도조절장치에 원하는 온도를 설정해놓은 경우를 생각해봅시다. 가령 22도로 맞추어 놓았다고 합시다. 외부 온도가 올라가거나 내려가면 온도조절장치는 통풍구를 통해 차가운 공기나 뜨거운 공기를 내보내 온도를 조절할 것입니다. 온도조절장치 덕분에 거실은 쾌적한 22도를 유지할 것입니다.

안정을 유지하려는 것은 모든 시스템의 특징입니다. 시스템은 각각에 '가장 알맞은 상태로 설정' 됩니다. 시스템은 설정을 무효화하려는 외부의 힘에도 불구하고 언제나 이 설정대로 유지하려고 합니다. 몸에 침입한 바이러스를 퇴치하고 정상적인 체온인 37도로 되돌아올 수 있는 것도 다 이런 시스템 덕분입니다.

그렇지만 이처럼 안정을 유지하려는 경향이 변화에 대한 저항으로 비치기도 합니다. 이 때문에 수많은 경영자, 부모, 정책 입안자들이 곤란해하기도 합니다. 예를 들어, 가족시스템 연구자들은 이런 상황을 목격했습니다. 알코올중독인 아버지가 이를 극복하기 위해 적극적으로 치료를 받을 때 가족들이 무의식적으로 아버지의 노력을 방해하는 것이었습니다. 아버지의 노력은 이미 익숙해진 가족의 삶을 변화시키는 것이기 때문입니다. 새로운 비즈니스 프로세스 도입과 같은 단순한 기업행위도 격렬한 저항에 부딪히곤 합니다. 그런 새로운 행위가 안정을 추구하는 시스템을(그리고 그것의 하위 시스템까지) 뒤흔들어 놓기 때문입니다.

우화에서 펭귄들은 사태를 해결하기 위해 해결책을 몇 가지 내놓았습니다. 첫 번째는 경고문이었고 다음은 감수성 훈련이었습니다. 그러나 이러한 조치들은 효과를 보지 못했습니다. 우리는 가장 확실한 방법으로 변화에 대처하려는 유혹을 받습니다. 그러나 확실한 조치가 모두 시스템에 근본적인 효과를 가져다주는 것은 아닙니다. 그런 노력은 물침대에 발길질하는 것과 같습니다. 처음에는 효과가 있는 것처럼 보이지만 결국 모든 것은 이전 상태로 돌아가고 맙니다.

5. 시스템 내에서는 피드백이 이루어진다

어떤 이론가는 다음과 같이 시스템을 간결하게 정의했습니다. "시스템이란 스스로에게 말하는 것이다." 이 정의는 시스템에 존재하는 피드백의 역할을 강조한 것입니다. 자동 온도조절장치가 거실의 온도를 재면 통풍 시스템에 피드백을 줍니다. 펭귄과 바다코끼리 사이의 싸움이 악화된 것도 역시 피드백의 작용 때문이었습니다. 뜨거운 치즈피자를 한입 베어 물었을 때 입 안의 감각이 둔해지는 것을 생각해보십시오. 그것은 여러분의 중추신경시스템에서 작동하는 피드백 현상입니다. 어린아이의 공격성, 냉담함, 침울함이 점점 심해지는 것도 주의해서 살펴야 하는 피드백입니다. 기업의 생산성이나 판매량이 급감하는 것도 마찬가지로 피드백 작용입니다.

건강한 시스템은 피드백을 '귀 기울여 듣고' 반응합니다. 시스템이 피드백을 정확하게 인지하고 이를 해석하고 제대로 조치를 취하지 못할 때 기능이 멈추고 고장이 나게 됩니다. 펭귄들은 빙산에서 벌어지는 싸움이 하나의 독립된 현상이라고만 여겼고 자신들의 다른 행위들과 어떤 연관이 있다고는 상상조차 못했습니다. 처음에 펭귄들은 피드백을 알아채지 못했습니다. 피드백을 인식할 때까지 그들은 아무런 조치도 취할 수 없었습니다.

단선적 사고에서 시스템 사고로

우리 주변에서 일어나는 사건들은 보기보다 복잡합니다. 그런 사건들이 일어나는 데는 여러 가지 원인이 있습니다. 우리들 대부분은 이 사실을 알고 있습니다. 그러나 우리 모두는 사건들을 지나치게 간단한 인과관계로 환원하여 설명하려 합니다.

- · "내가 결혼생활에 실패한 건 남편이 일중독자였기 때문이야."
- · "폭력적인 랩 음악만 없다면 흑인 갱 문제는 해결될 텐데."
- · "우리 도시의 실업률이 떨어졌으니까 시장을 다시 뽑아주어야 해."
- · "싸움을 그만 하게 하려면 감수성 훈련을 받아야 해."

이상은 단선적 사고의 예입니다. 우리는 'A 때문에 B이다'라는 단선적 사고로 현실의 문제를 받아들입니다. (주노가 얼음 위에 그렸던 바다코끼리에서 대합으로 이어지는 직선을 떠올려

단선적 시각

보세요. 그게 바로 전통적인 단
선적 사고입니다.) 단선적 사고
는 그럴듯하고 간단하기 때문
에(그리고 선거운동 구호처럼
귀에 금방 들어오기 때문에) 매
력적입니다. 문제는 단선적 사

시스템적 시각

고가 현실에 숨어 있는 복잡한 여러 인과관계를 거의 드러내지
못한다는 점입니다.

그렇습니다. A는 B에 영향을 미칩니다. 그렇지만 주노가 수
정한 그림처럼 B는 동시에 A에 그리고 X, Y, Z에도 영향을 미
칩니다. 폭력적인 랩 음악이 갱 문화를 주도했을까요? 남편의
일중독 때문에 결혼생활에 실패했을까요? 시장의 정책이 실업
을 감소시켰을까요? 그럴지도 모릅니다. 그러나 시스템 사고
를 하는 사람은 각각의 경우에 대해 위에서 살펴본 원인 말고
도 복잡한 다른 요인들을 생각할 것입니다. 다른 요인들을 배
제한 채 한 가지 요인만 강조하면 현실을 제대로 볼 수 없게
되고 효과가 없는, 더구나 해가 되기까지 하는 해결책을 찾게
됩니다.

우화에서 바다코끼리의 행위는 대합의 양에 영향을 미쳤습
니다. 많은 대합들 덕분에 빙산은 매력적인 곳이 되었고, 펭귄

과 바다코끼리들이 빙산으로 몰려들었습니다. 그러나 동시에 몰려든 바다코끼리와 펭귄 때문에 빙산의 공간이 줄어들었고 결국 다툼이 생겼습니다. 싸움은 빙산의 매력을 떨어뜨렸고 펭귄과 바다코끼리는 더 이상 오지 않았습니다. 여기에는 우리가 아직 밝혀내지 못한 수많은 관계들이 있습니다. 이 모든 관계와 펭귄과 바다코끼리의 행위는 서로 맞물리면서 그들에게 중요한 영향을 미쳤습니다.

어떻게 하면 우리는 이 복잡한 것들을 정리하여 효과적인 조치를 취하고 우리가 원하는 결과를 만들어낼 수 있을까요? 이제 몇 가지 공통적인 시스템 행위들을 분석하여 우리에게 맞는 해결책을 찾아봅시다.

강화 그리고 균형화

시스템 내에서 작동하는 모든 행위는 두 가지 기본 과정을 따릅니다. 하나는 강화과정이고 다른 하나는 균형화과정입니다.

강화과정

이것은 동일한 방향으로 더 많이 변화함으로써 변화를 더욱 강화하는 것입니다. 이 과정은 기하급수적인 성장을 낳을 수도 있습니다. 은행의 복리이자가 바로 강화과정의 예입니다. 이자는 잔액에 근거해 계산되는데, 더 많은 이자로 인해 잔액이 늘어나고, 그것은 다시 더 많은 이자를 낳고…… . 이제 이해가 되죠. 그러면 이자는 항상 좋은 것일까요? 경우에 따라 다릅니다. 만일 이자가 노후연금신탁과 같이 득이 되는 것에서 작용한다면 좋은 것입니다. 그

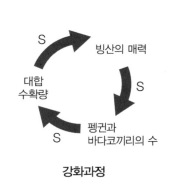

S 빙산의 매력

S

대합
수확량

펭귄과
바다코끼리의 수

S

강화과정

러나 신용카드를 사용할 때 이자가 붙는 식이라면 고통스러울 뿐이죠. 긍정적 강화작용은 '선순환', 부정적 강화작용은 '악순환'이라 할 수 있습니다.

앞의 이야기에서 펭귄이 선순환적 강화과정에 있을 때에는 펭귄과 바다코끼리가 점점 늘어나면서 대합 수확량도 많아졌습니다. 대합을 많이 캐내자 빙산은 매력적인 곳이 되었고, 그것이 다시 펭귄과 바다코끼리를 더 많이 불러모으게 됩니다. 이런 현상을 마케팅 용어로 '입소문' 효과라고 합니다.

옆 페이지의 순환 그림은 이 강화과정에서 각각의 변수들이 어떻게 작용하는지를 보여줍니다. 이 그림에 따르면 하나의 사건이 다른 사건에 영향을 미치고, 그것이 다시 다른 사건에 영향을 미치는 과정이 되풀이됩니다. 이 그림은 시스템 사고에서 중요한 몇 가지 도구를 보여줍니다. 이제 이 도구를 좀 더 자세히 살펴봅니다. 먼저 이 그림의 화살표에 있는 작은 's' 자와 다음 페이지 그림에 있는 'o' 자에 주목해봅시다. 's' 표시는 하나의 변수가 증가하거나 감소했을 때 다음의 변수 또한 같은 방향(same direction)으로 증가하거나 감소하도록 함을 의미합니다. 따라서 빙산의 매력이 커지면 펭귄과 바다코끼리의 수도 증가하는 것이지요. 'o'는 다른 변수가 반대 방향(opposite direction)으로 작용하는 것을 의미합니다.

여기까지 이해했나요? 좋습니다. 우화에서 펭귄들은 자신이 취한 조치가 왜 상황을 악화시켰는지 의아해했습니다. 스파키는 처음부터 마음껏 먹고 즐기는 것이 언제까지 지속될 수 있을지 의문을 가졌습니다. 실제로 모든 강화과정은 한계를 안고 있습니다. 그 어떤 것도 영원히 성장할 수는 없습니다. 스파키의 직감은 시스템 행위의 또 다른 구성 단위인 균형화과정을 경고하고 있었던 것입니다.

균형화과정

이것은 시스템을 일정한 수준으로 유지하게 만드는 역할을 합니다. 우화에서 빙산은 분명히 지탱할 수 있는 무게의 한계가 있었습니다. 펭귄과 바다코끼리가 계속해서 이주하면서 빙산이 감당할 수 있는 인구의 무게는 한계에 이르렀습니다. 빙산이 가라앉으면서 공간은 줄어들었고 영역 다툼이 늘었습니

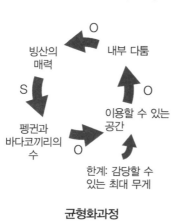

균형화과정

다. 빙산에서 싸움이 일어났다는 소식을 들은 펭귄과 바다코끼리들은 더 이상 빙산을 찾지 않았고, 그래서 빙산의 인구는 평형을 되찾았습니다. 자동 온도조절장치가 실내 온도를 22도로 되돌린 것처럼 말입니다.

주차공간이 포화상태가 되면 쇼핑몰은 더 이상 성장하지 못합니다. 남녀가 서로에 대해 더 이상의 친밀감을 느끼지 못할 때 연인들의 관계는 오도 가도 못하게 됩니다. 시장이 포화상태일 때 판매곡선은 수평선을 이룹니다. 이러한 예들은 시스템이 일정 수준을 초과해서 성장하는 것을 막는 균형화과정을 나타냅니다.

이러한 균형 고리는 우리 주변에 많이 있지만 강화 고리보다 알아채기가 쉽지 않습니다.

무언가가 기하급수적으로 늘거나 주는 것은 명백히 보이지만, 원 상태를 유지하려는 균형 기제는 눈에 잘 보이지 않습니다. 펭귄들이 그랬던 것처럼, 이러한 숨겨진 균형화과정을 밝혀내고 이해하는 것은 여러분의 조직이나 다른 시스템에서도 변화에 대처하는 주요한 해결책입니다.

보이는 것을 넘어 보이지 않는 것으로

여러분은 이 고리들이 주노가 얼음 위에 새긴 그림과 비슷하다는 것을 눈치 챘을 것입니다. 우리는 펭귄들처럼 시스템 사고의 도구 중 하나인 '인과 고리 도식'을 이용하고 있는 것입니다. 인과 고리 도식은 시스템의 역동적 관계를 보여주는 몇 가지 비주얼언어 중 하나입니다.

이제 강화 고리와 균형화 고리라는 두 개의 그림을 하나로 합쳐 좀 더 역동적인 인과 고리 도식을 만든 후, 두 고리가 상

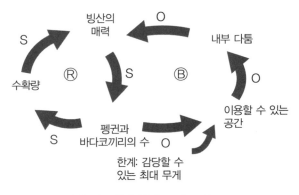

빙산 시스템의 인과 고리 도식

호작용하면 어떻게 되는지 살펴봅시다. 이제 점점 더 흥미진진해집니다.

두 고리를 하나로 합친 왼쪽 그림을 보면 두 가지 새로운 기호가 첨가된 것을 알 수 있습니다. 왼쪽 고리의 중심에는 R이, 오른쪽 고리에는 B가 있습니다. 이들은 각각 강화(reinforcing)와 균형화(balancing)를 나타내는 표시일 뿐입니다. 기억해둘 것은 아무리 복잡한 시스템이라도 그것은 항상 이 두 기본 구성단위로 이루어진다는 점입니다.

이제 빙산 시스템이 어떻게 작용하는지를 보여주는 큰 그림으로서 이 인과 고리 도식을 읽어봅시다.* 한 단계씩 차근차근 읽어나갈 것입니다.

도식의 아래쪽 가운데 있는 변수 '펭귄과 바다코끼리의 수'에서부터 시작해봅시다. 펭귄과 바다코끼리의 수가 증가할수록 '대합 수확량'도 증가합니다. 먹을 수 있는 대합의 양이 증

---

* 어떤 이들은 시스템을 나타내는 인과 고리 도식이나 다른 그림들이 지나치게 단순해 시스템의 거대한 복잡성을 제대로 담아내지 못한다고 생각합니다. 올바른 지적입니다. 시스템을 대표하는 것이 바로 복잡하면서도 세밀한 컴퓨터인데, 이를 통해 시스템의 복잡성을 더 잘 묘사할 수 있습니다. 인과 고리 도식은 특정한 맥락에서 시스템 동인에 대한 우리의 현재 이해 정도를 극히 간단한 스냅사진으로 보여주는 것에 불과합니다. 잘만 활용한다면 이들 도식이 중요한 통찰을 가져다줄 수도 있습니다. 그러니 도식의 한계를 염두에 두고 착실히 배워갑시다.

가하면 '빙산의 매력'도 따라서 커집니다. 빙산에 대한 긍정적 입소문은 펭귄과 바다코끼리의 수를 증가시킵니다. 펭귄과 바다코끼리의 수가 늘어날수록 대합의 수확량도 계속해서 늘어납니다……. 강화과정은 선순환을 만들며 점점 확대됩니다.

이제 오른쪽 원을 봅시다. 펭귄과 바다코끼리의 수가 계속 증가하면 그들 몸무게의 합은 빙산의 한계에 도달합니다. 이 무게 때문에 빙산이 가라앉고 이용할 수 있는 공간도 좁아집니다. 동물 한 마리당 이용할 수 있는 공간이 좁아지자 영역 다툼이 증가했고, 이는 빙산의 매력을 떨어뜨렸습니다.

마지막으로 다시 왼쪽 원으로 돌아가봅시다. 빙산의 매력이 떨어지면서 펭귄과 바다코끼리의 수도 줄어들기 시작했습니다. 대합 수확량 역시 감소했습니다. 대합을 채취할 바다코끼리의 수가 줄었기 때문입니다. 그리고 이로 인해 빙산의 매력은 점점 더 떨어졌습니다…….

이제 빙산은 성장을 멈추었습니다. 강화과정은 더 이상 선순환이 아니게 되었습니다.

펭귄들은 강화과정에 있었습니다. 그들은 계속해서 시스템을 더 큰 성장 쪽으로 몰고갔고 시스템의 수용한계에 이르려면 아직도 멀었다는 잘못된 판단을 내렸습니다. 그러나 실제로 시스템이 한계에 이르자(한계에 이를 때까지도 그들은 그 사실을 전혀 몰랐습니다) 시스템은 더 이상 변화하지 않았습니다.

펭귄의 교훈처럼 우리도 시스템을 이해하지 못하면 시스템에 갇히게 됩니다. 기저에 깔린 시스템 구조를 더 잘 이해할수록 우리는 변화에 더 적절히 대응할 수 있습니다. 시스템 이론가 다니엘 H. 킴(Daniel H. Kim)이 설명했듯이, 우리는 시스템 안에서 일하는 게 아니라 시스템 위에서 일하는 방법을 배워야 합니다. 킴은 이렇게 묻습니다. "어떻게 해야 우리가 단순한 시스템 운영자에 그치지 않고 시스템을 디자인하는 사람이 될 수 있을까?"

시스템이 어떻게 작동하는지 알지 못하면 우리는 그저 시스템이 만들어내는 특정한 사건들(빙산의 보이는 부분에 해당하는)에만 반응하게 됩니다. ("이봐, 대합을 캐내면서 우리의 삶은 나아졌다구! 그러니까 우리는 계속해서 대합을 캐내야 해.")

그러나 시스템 사고를 하게 되면 개별적 사건들 너머로 그것들의 장기적인 패턴을 볼 수 있습니다. ("난 펭귄 압사 사고가 우연히 일어난 일이 아니라고 생각해!") 일단 패턴을 파악하면 우리는 패턴을 만들어내는 보이지 않는 구

빙산 모델

조들을 발견할 수 있습니다. ("빙산이 가라앉고 있어!") 우리 스스로가 속해 있는 시스템을 재구성하거나 원하는 결과를 낼 수 있도록 시스템을 만들어낸다면 더 효과적으로 행동할 수 있을 것입니다.

시스템의 원형들

지금까지 여러분이 살펴본 《펭귄의 계약》과 인과 고리 도식은 단지 시스템이 작용하는 여러 패턴 중 하나를 나타낼 뿐입니다. 이 우화는 시스템이 성장 한계에 이르는 단 한 가지의 패턴만을 보여줄 뿐입니다. 그러나 이것이 시스템에서 발생하는 유일한 경우라고 생각하지는 마십시오. 다른 경우도 많습니다. 우리는 이것을 '원형'이라고 부릅니다.

일반적인 스토리구조로서 원형을 살펴보면, 시스템에 관련된 이야기는 다양한 우리의 삶 속에서 반복된다는 사실을 발견할 수 있습니다. 《펭귄의 계약》은 '성장의 한계'라는 원형에 대한 이야기입니다. (불행하게도 펭귄의 경험이 여러분의 조직에서도 실제로 발생하고 있습니까? 만일 그렇다면 '성장의 한계' 원형을 좀 더 자세히 살펴보도록 하세요.)

펭귄의 빙산에서 겪은 경험 이외에도 시스템 사고를 계속 살펴보다 보면, 조직에서 발생할 수 있는 몇 가지 상황에 대처할 수 있는 새로운 통찰력과 효과적인 중재 방법을 알려주는 원형들을 발견할 수 있습니다.

- '**실패로 이끄는 교정**' 원형은 일시적인 효과를 내는 미봉책이 장기적으로는 어떻게 바람직하지 못한 결과를 낳는지를 보여줍니다.

- '**짐 떠넘기기**' 원형이란 문제를 완화하기 위해 조치를 취한 결과 그 해결책에만 의존하게 되어 더 심각한 문제를 해결할 수 있는 능력을 떨어뜨리는 경우를 가리킵니다. 이 구도는 한 번 빠지면 더욱더 중독되는 행동 패턴을 보입니다.

- '**에스컬레이션**' 원형은 두 집단이 서로의 행위를 적대시하고 위협하는 식으로 반응할 때 일어납니다. 위협은 양쪽 그룹이 격리될 때까지 기하급수적으로 증가합니다. 이 원형에는 경쟁 업체 간의 보이지 않는 가격 인하 경쟁 등이 포함됩니다.

- '**침식되는 목표**' 원형은 조직이 장애를 극복하고 목표를 달성하기보다는 목표를 낮추려는 유혹에 빠지는 것을 말합니다. 이 경우에는 장기 침체에 빠지게 됩니다.

- '**공공재의 비극**' 원형은 여러 그룹들이 한정된 자원에 의지하거나 이를 두고 경쟁하는 경우입니다. (대도시의 출퇴근 시간에 도로에서 교통체증으로 고생한 경험이 있다면 여러분은

이미 이 원형을 경험한 셈입니다.)

· **'성공한 사람들의 성공' 원형**은 '빈익빈 부익부' 현상을 말합니다. 이 원형은 두 개의 그룹이 한정된 자원을 두고 경쟁할 경우, 초기 경쟁에서 이긴 사람이 먹이를 문 사자처럼 자원을 계속 독차지하게 되는 것을 가리킵니다.

· **'성장과 저투자' 원형**은 성장이 한계에 다다를 때 일어납니다. 그 조직이 조금 더 투자한다면 한계를 넘어설 수 있음에도, 투자를 아낌으로써 품질이 떨어지고 더 적게 투자하게 되는 악순환이 계속됩니다.

어떻게 시스템 사고를 실천할까

시스템의 힘이 우리가 개입하는 데 완강히 저항한다면 우리에게 변화의 여지는 없는 것일까요? 다행히도 인간인 우리들은 반성하고 배울 수 있는 능력이 있습니다. 우리는 원하는 결과를 얻기 위해 변화를 꾀할 수 있는 능력을 가지고 있습니다.

시스템 사고를 하면 우리는 세상을 전혀 다르게 보게 됩니다. 우리가 시스템을 이해하는 능력을 키우면 단순히 사건에 반응하는 데 그치지 않고 주도적이고 창의적인 위치에 설 수 있습니다. 주도적이고 창의적인 위치에서는 우리의 조직이 계속해서 결과물을 산출할 수 있도록 하는 시스템을 조직할 수 있습니다.

다른 기술들과 마찬가지로 시스템 사고는 완전히 익히기 전부터 실행에 옮겨야 합니다. 실제 비즈니스에 시스템 사고의 개념과 도구를 적용하면서 실행해보세요. 시스템 사고를 실천할 상황(컨텍스트)을 정의할 때 고려해야 할 몇 가지 사항이 있습니다.

· 현재의 경험이나 성과는 분명히 눈에 보이는 한 가지 요인이

아닌 여러 요인의 복합적인 산물이라는 점을 생각하십시오.

· 더 나은 결과를 내기 위해 시스템 사고를 적용할 수 있도록
작은 문제들을 가려내십시오.

· 시스템 사고에 능숙하거나 고질적인 문제에 시스템적으로 접
근하는 데 관심있는 이들과 함께 일하십시오.

· 시스템의 다양한 부분들의 입장에서 바라보는 방법을 찾으십
시오. 예를 들어, 문제를 완전히 이해하려면 조직 내의 다양한
기능을 수행하는 담당자들과 대화하는 방법을 익히십시오.

· '왜' 라는 질문을 다섯 번 하십시오. 사건의 원인을 이해하려
면 '왜 그런 일이 일어났는가?' 원인을 찾은 다음에는 '그런
데 그런 일이 도대체 왜 일어났는가?' 하고 물으십시오. 이런
식으로 사건의 근원으로 점점 더 깊이 파고 들면서 전부 다섯
번은 질문을 해야 합니다.

· 변수들을 밝혀내는 일부터 시작하십시오.

· 인과 고리 도식에 너무 집착하지 마십시오. 여러분이 만들어

가는 어떤 도식도 당시의 상태일 뿐 최종 결과로 여겨서는 안
됩니다.

· 즉각적인 해결책은 일단 의심해 보십시오.

· 부분보다는 전체를 보면서 해결책을 생각하십시오. 예를 들
어, "영업부 직원들을 어떻게 고쳐놓지?"라고 하지 말고 전체
조직에서의 맥락을 생각해보십시오. 그러면 더 큰 조직 내에
서 영업부의 관계가 어떤지 알 수 있을 것입니다.

· 찾아낸 모든 해결책에 잠재된 부작용의 가능성을 살피십시오.

· 너무 욕심 부리지 마십시오. 대신 시간을 두고 몇 가지의 변
화에 집중하십시오.

· 변화하는 과정은 시간이 걸립니다. 시스템 사고를 주요한 문
제보다도 고질적인 문제에 먼저 적용하십시오.

간단하게 말하면, "보고, 듣고, 생각하고, 그런 다음에 조치
를 취하십시오." 다시는 같은 식으로 실수하는 일이 없어질 것
입니다.

그룹토의를 위한 질문

- 우화에서 그려진 기초 시스템은 어떤 것입니까? 그 시스템은 어떤 부분들로 이루어졌나요? 시스템의 목표는 무엇이었습니까?

- 계속해서 우화의 기초 시스템에 대해 생각해봅시다. 기초 시스템이 속해 있는 더 큰 시스템은 무엇입니까? 또 그것의 '하부 시스템'은 무엇입니까?

- 펭귄들은 어떤 식으로 시스템의 안정을 추구했나요? 시스템은 상황을 변화시켜보려는 펭귄들의 초기 노력에 어떤 반응을 보였습니까? 왜 그런 식의 반응이 나왔을까요?

- 왜 펭귄들이 시스템에서 발생하는 피드백을 파악하기 어려웠습니까?

- 이제 여러분 조직을 생각해보세요. 시스템 내의 피드백을 인식하고 이에 적절하게 반응하는 것을 방해하는 과정이나 구조, 믿음은 무엇입니까?

옮긴이의 말

데이비드 허친스는 학습조직에 관한 이 네 번째 우화에서 인간 사회의 허점을 다시 한 번 날카롭게 지적한다. 펭귄과 바다코끼리 사이에서 벌어지는 일들은 우리 일상에서 흔히 일어난다. 펭귄과 바다코끼리가 만들어가는 그들만의 파라다이스는 '빙산의 일각'에 불과하다. 물속에 잠긴 빙산의 진짜 모습을 보지 못한 펭귄들은 이야기가 끝난 후 다시 상어와의 전쟁을 시작해야 할 것이다.

학습조직론의 바이블로 통하는 피터 센게의 《제5경영》에서 가장 핵심이 되는 '시스템 사고(System Thinking)'는 개념만으로는 언뜻 이해하기 어렵다. 그러나 이 책에서 저자는 펭귄과 바다코끼리의 우화를 통해 독자들에게 시스템 사고의 중요성을 스스로 깨닫게 만든다. 우리가 시스템 사고로의 전환을 이루지 못하면 변화하는 세상에 적응하는 것은 고사하고 당장 차가운 극지의 바다 한가운데 발 디딜 틈 없는 펭귄 신세로 전락하기 십상이다. 눈앞에 발생하는 선순환에 만족하지 않고, 그에 따르는 악순환으로 인해 선순환도 언젠가 서서히 멎게 되리라 예측하고 상상할 수 있는 모든 변수들을 감안하는 것, 이 모든 것이 시스템 사고의 기본 요건이다.

나 역시 이 책을 옮기면서 빙산은 보지 못하고 빙산의 일각만을 이해하는 오역을 하지 않았는지 조심스럽다. 개인적으로는 이 책을 통해 시스템 사고라는 문구를 그럴듯하게 옮기는 데 그치지 않고 마음에 새기는 계기가 되었다. 이 책을 접하는 독자들에게도 시스템 사고로의 전환을 다짐하는 새로운 계기가 되었으면 하는 바람이다.

옮긴이 박선희는 덕성여자대학교 사학과를 졸업하고 서강대학교에서 서양사학 석사학위를 받았다. 현재 번역가와 출판기획자로 활동하고 있다.

펭귄의 계약

초판 1쇄 발행 2008년 9월 29일
지은이 | 데이비드 허친스
옮긴이 | 박선희

펴낸곳 | 바다출판사
펴낸이 | 김인호
주소 | 서울시 마포구 서교동 403-21 서홍빌딩 4층
전화 | 322-3885(편집부), 322-3575(마케팅부)
팩스 | 322-3858
E-mail | badabooks@dreamwiz.com
출판등록일 | 1996년 5월 8일
등록번호 | 제10-1288호

ISBN 978-89-5561-460-2 (03320)